LA
BASILIQUE DU S. SÉPULCRE

DISCOURS

D'UN PÉLERIN DE JÉRUSALEM

PRONONCÉ

DANS L'ÉGLISE NOTRE-DAME D'ECQUETOT

LE 6 MAI 1883

EVREUX
IMPRIMERIE DE L'EURE, L. ODIEUVRE
rue du Meilet, 4 bis.

1884

LA
BASILIQUE DU S. SÉPULCRE

DISCOURS

D'UN PÈLERIN DE JÉRUSALEM

PRONONCÉ

DANS L'ÉGLISE NOTRE-DAME D'ECQUETOT

LE 6 MAI 1883

MES FRÈRES,

La première, la prédominante pensée du pèlerin s'acheminant vers la Palestine ou entrant dans la ville sainte, c'est de voir l'Eglise du Saint-Sépulcre !

J'ai parcouru près de quatorze cents lieues et j'en aurais parcouru bien davantage, s'il l'eût fallu, pour visiter ce temple le plus vénérable de tout l'univers. Mes vœux sont enfin comblés ! Vingt fois, tantôt seul, tantôt en compagnie d'autres pèlerins, je l'ai parcouru en tous sens, examiné dans son ensemble, étudié dans ses moindres détails, et, ce que j'ai vu de mes yeux, entendu de mes oreilles, recueilli de la bouche de notre excellent guide, le Frère Benoît, un savant distingué qui sait par cœur sa terre sainte comme nous notre alphabet, je veux essayer de vous le redire. Ma voix, pour n'être qu'un écho de la sienne, ne sera pas sans attrait, je l'espère, pour de chers paroissiens dont les prières m'ont accompagné et protégé en mon lointain pèlerinage.

I

La Basilique du Saint-Sépulcre

est un immense bâtiment entouré de grosses et lourdes constructions qui le dérobent aux regards, et ne laissent apercevoir, du dehors, qu'une petite partie du mur d'enceinte.

Elle est précédée d'un
Parvis
bien pavé, plus proprement tenu que le reste de la ville, mesurant vingt mètres de long sur autant de large et servant de place publique à une foule de petits boutiquiers qui viennent s'y installer chaque matin, pour vendre aux pèlerins des chapelets, des médailles et d'autres objets de piété.

Du bout de ce parvis, on aperçoit les
Deux coupoles
d'inégale grandeur qui dominent les terrasses de l'édifice. L'une, la plus grande, s'élève perpendiculairement au-dessus du tombeau de Notre-Seigneur ; l'autre, surplombe l'ancien chœur des *chanoines augustins* que Godefroy de Bouillon avait préposés à la garde du Saint-Sépulcre. C'est par ces deux coupoles que la lumière pénètre, et répand à l'intérieur un demi-jour favorable au recueillement et à la méditation. La
Façade
construite par les Croisés, est très irrégulière. A la voir de près, il est facile de deviner que l'idée première de l'architecte, était d'y ouvrir trois portes flanquées de deux clochers. Ce plan n'ayant pu être réalisé, faute de ressources, il construisit un seul clocher, détruit par les Turcs sous prétexte qu'il s'élevait plus haut que les minarets de leurs mosquées, et perça seulement deux portes ogivales dont l'une est murée. Au dessus de ces portes, deux fenêtres du même style dont l'encadrement représente plusieurs scènes évangéliques : *l'entrée triomphante de Jésus-Christ à Jérusalem, l'institution de l'Eucharistie, la résurrection de Lazare,* etc.

La basilique comprend quatre Eglises principales : *l'Eglise latine de l'apparition de Notre-Seigneur à sa très sainte mère,* — *l'Eglise de l'invention de la vraie croix,* — *l'Eglise du Calvaire,* — et la *Rotonde* au centre de laquelle s'élève *l'édicule du Saint-Sépulcre.* Ces quatre Eglises séparées pendant près de cinq cents ans, ont été réunies en un seul édifice par les Croisés au commencement du XIIe siècle.

La plupart des communautés chrétiennes, les *Latins*, les *Grecs schismatiques*, les *Arméniens*, les *Cophtes*, les *Abyssiniens* et les *Ethiopiens* ont leurs sanctuaires respectifs à l'intérieur. Mais les quatre premières nations seulement y ont leur habitation et un droit de séjour.

Ce sont leurs représentants, — les Franciscains pour les catholiques — qui paient aux Turcs en possession des clefs, la redevance d'environ *deux francs cinquante centimes*, exigée pour l'ouverture des portes. Ces bons religieux, prisonniers volontaires ne peuvent sortir et n'ont de communication avec le dehors, qu'au moyen d'un
Guichet
pratiqué dans la porte, par lequel on introduit jour par jour leur nourriture.

Le premier objet qui s'offre aux regards lorsqu'on a franchi le seuil est un vaste

Divan

placé à gauche, sur lequel sont assis ou nonchalamment étendus trois ou quatre Turcs causant, fumant, prenant leur café. Ce sont les *gardiens des portes*.

Leur tenue est d'ailleurs correcte : mais il n'est pas rare de les voir s'adresser aux pèlerins afin d'obtenir outre la redevance déjà payée un *bakchique* ou *pourboire* comme prix de leur complaisance. Je dois dire qu'en aucune de mes fréquentes visites je n'ai été l'objet d'importunités de ce genre.

En avançant de quelques pas, on a devant soi une *grande pierre*. C'est la

Pierre de l'onction

ainsi nommée, parce que le corps sacré du Sauveur y fut mis pour être embaumé avant sa déposition dans le tombeau. « *Pilate l'ayant permis, Joseph d'Arimathie prit le corps de Jésus. Vint aussi Nicodème apportant une composition de myrrhe et d'aloës* ». (Saint Jean 19. 38, 39).

La pierre que nous voyons est rougeâtre. Elle n'est point la véritable pierre sur laquelle fut embaumé Notre-Seigneur. Sainte Hélène pour dérober celle-ci aux pieuses déprédations des pèlerins l'avait fait revêtir d'une belle mosaïque et enfermer dans une chapelle isolée en dehors de l'enceinte. Elle y fut comprise dans la reconstruction ordonnée par Modeste entre les années 615 et 630. En 1505 la mosaïque de sainte Hélène étant en dégradation, les Géorgiens achetèrent subrepticement ce lieu sacré aux musulmans. Mais les *Pères de terre sainte* toujours aux aguets ayant eu connaissance de ce marché y mirent une surenchère de *cinquante mille écus*, et devenus propriétaires substituèrent à l'ancienne mosaïque usée une belle table de marbre noir que les Grecs ont fait disparaître après l'incendie de 1808 et remplacée par celle que nous avons sous les yeux.

Elle appartient en commun aux Latins, aux Grecs, aux Arméniens, aux Cophtes, qui viennent tour à tour, aux jours de grande fête, l'encenser avec pompe en souvenir de l'embaumement du Sauveur. Elevée de trente centimètres au dessus du sol, ayant deux mètres soixante-dix centimètres de longueur sur un mètre trente centimètres de largeur, elle est garnie aux quatre angles de pommeaux en cuivre doré. Dix lampes y brûlent continuellement. De chaque côté sont d'énormes chandeliers portant des cierges d'une grandeur et d'une grosseur démesurée. Nous nous y agenouillons, et récitons *Pater*, *Ave*, *Gloria* pour gagner l'indulgence de trois cents jours.

Prenons à gauche, et visitons d'abord la *rotonde*. A douze mètres de la *pierre de l'onction*, nous sommes au

Lieu d'où les saintes femmes voyaient Notre-Seigneur en croix

« *Tous ceux qui étaient de la connaissance de Jésus et les saintes femmes qui l'avaient suivi de Galilée étaient là, regardant ce qui se passait.* » Luc. 23. 49.

Le lieu où se trouvaient les *trois Maries* est indiqué par une pierre circulaire au niveau du pavé, surmontée d'une cage de fer, tout près d'un escalier qui conduit à la chapelle arménienne.

Plus loin, au sommet de la rotonde *deux monuments* attirent l'attention. A droite :

La chapelle Cophte

adhérente depuis trois ou quatre siècles au Saint-Sépulcre. Elle est fermée par une porte à jour. On la fréquente peu. Nous n'y avons jamais vu qu'une seule personne, toujours la même, qui n'est autre probablement que la gardienne de ce pauvre sanctuaire. A gauche :

Le sépulcre de Joseph d'Arimathie

On sait que ce saint homme s'était préparé en ces lieux un tombeau où il déposa le corps du Seigneur. On dit qu'ensuite, il s'embarqua en compagnie de Lazare le ressuscité, de Marie-Madeleine, de Marthe et de l'aveugle-né, *saint Sidoine*, aborda avec eux à Marseille, traversa la Gaule, se rendit en Angleterre dont il fut le premier apôtre et, devenu vieux, revint à Jérusalem pour y mourir. Voulant être enterré près de Notre-Seigneur, il fit creuser là un autre tombeau pour lui et sa famille. Des six loges funéraires de ce tombeau, deux seulement sont fermées, deux sont vides, les autres n'ont pas été achevées.

A vingt mètres du tombeau de Joseph d'Arimathie, on quitte la rotonde, on passe à gauche entre des piliers et on entre dans la :

Chapelle de sainte Marie-Madeleine

ainsi nommée en souvenir de l'*apparition de Notre-Seigneur* à cette sainte femme. Cette chapelle appartient aux catholiques. Elle contient l'orgue qui sert à leurs offices. L'autel est magnifique. Le tableau du retable représente l'apparition ; c'est une œuvre de maître. Devant l'autel, une riche mosaïque encadrée dans le pavement marque le lieu où se tenait Jésus ressuscité.

Au chapitre XX de son Evangile, saint Jean raconte que « le
« premier jour de la semaine, Marie-Madeleine étant venue au
« tombeau et l'ayant trouvé vide alla dire à Pierre et à l'autre dis-
« ciple que Jésus aimait : Ils ont enlevé le Seigneur et nous ne
« savons où ils l'ont mis. Ils partirent en courant. Mais Jean courut
« plus vite que Pierre, arriva le premier, aperçut le tombeau vide
« et les linges posés à terre. Pierre qui suivait arriva et vit les
« mêmes choses et tous deux s'en retournèrent. Mais Marie resta
« pleurant aux abords du tombeau ; puis, s'étant éloignée de
« quelques pas, elle vit un homme qu'elle prit pour le jardinier
« et lui dit : Seigneur, si c'est vous qui l'avez enlevé, dites-moi où
« vous l'avez mis et je l'emporterai. Jésus, car c'était lui-même,
« répondit : « Marie ! » et elle, le reconnaissant à sa voix, lui dit :
« Rabboni, qui signifie : maître. Jésus ajouta : Ne me touchez pas,
« mais allez dire à mes frères : Je monte vers mon père et votre
« père, vers mon Dieu et votre Dieu. Et Marie vint annoncer aux
« disciples : J'ai vu le Seigneur et Il m'a dit ces choses. »

A l'extrémité de cette chapelle, du côté Nord, on monte par quatre degrés dans l'

Eglise latine

ou
Chapelle de l'apparition de Notre-Seigneur à la très sainte Vierge

L'Evangile ne parle point de cette apparition ; mais une tradition dont l'origine remonte à la plus haute antiquité, généralement admise et d'une parfaite vraisemblance l'établit d'une manière solide et respectable. Elle rapporte que la Sainte Vierge sachant que Notre-Seigneur devait ressusciter le troisième jour, ne s'était point éloignée de son tombeau depuis le vendredi-saint, et que Jésus-Christ pour honorer sa mère, pour la consoler des immenses douleurs qu'elle avait endurées et lui témoigner son amour, voulut lui apparaître à cet endroit afin de la consoler et de tarir par la joie de son triomphe la source de ses larmes.

C'est en ce même lieu, que saint Macaire, au commencement du IVe siècle, en présence de sainte Hélène et d'une foule de chrétiens de Jérusalem obtint par ses prières la résurrection d'une femme qu'on portait en terre, en la touchant avec la *vraie croix*.

Cette église un peu sombre, beaucoup trop petite, contient à peine une centaine de personnes. Les Franciscains y célèbrent leurs offices. Elle est pavée en mosaïque. Deux rangées de stalles en bois de chêne admirablement ouvragé servent de sièges aux religieux et aux assistants. Aux jours de grande solennité les murs au dessus des boiseries sont recouverts de riches tentures de damas rouge frangées d'or.

Elle a trois autels placés sur la même ligne, tous trois également vénérables.

Le principal, celui du *milieu*, est

Dédié à la très sainte Vierge, pour perpétuer le souvenir du premier des deux miracles que nous venons de rapporter. Les Franciscains y gardent le Saint-Sacrement devant lequel brûlent perpétuellement neuf lampes d'argent.

Celui de *droite* est appelé :

Autel des reliques, à cause d'un fragment de la *vraie croix* qu'on y a conservé jusqu'en 1557. A cette époque les Franciscains ayant été jetés en prison par ordre de Soliman qui voulait se venger sur eux de la destruction de sa flotte par le duc de Gênes, André Doria, les Arméniens volèrent cette précieuse relique et la transportèrent dans leur pays.

L'autre autel, celui de *gauche*, se nomme :

Autel de la colonne, parce qu'on y vénère une partie de la colonne à laquelle Notre-Seigneur fut attaché par ordre de Pilate pour être flagellé. Emportée du prétoire au Cénacle, cette colonne vénérable fut cédée au XIIIe siècle par les Augustins expulsés aux Pères de terre sainte qui la placèrent à l'endroit dont je parle. Mais en 1551, les musulmans la brisèrent en quatre morceaux que les Franciscains, mis en liberté, recueillirent pieusement.

Ils en donnèrent un au pape Paul IV, un à Philippe II roi d'Espagne, le troisième à la république de Venise où on le vénère dans l'église Saint-Marc. Ils gardèrent pour eux le quatrième et afin de le soustraire à de nouvelles profanations l'enfermèrent derrière un double grillage de fer.

On se ferait difficilement une idée de la vénération dont ce fragment de colonne est l'objet. Les pèlerins, non seulement les catholiques, mais les schismatiques eux-mêmes, se prosternent devant lui en versant d'abondantes larmes et le touchent avec un bâton terminé par une boule de cuivre qu'ils baisent ensuite avec la plus tendre dévotion. Cette colonne n'est exposée qu'une fois l'an, le mercredi-saint, à la piété des fidèles. Nous avons eu le bonheur d'être du nombre de ses heureux adorateurs, d'appliquer nos lèvres à cette pierre, rougie du sang d'un Dieu et sanctifiée par le contact de sa chair en lambeaux.

En sortant de l'église de l'apparition, nous traversons la sacristie pour visiter le :

Couvent latin

une sorte de corridor étroit, sombre, sans ornements, n'ayant que ses quatre murailles et de pauvres cellules parmi lesquelles on remarque celle de sainte Hélène où Chateaubriand passa une nuit en 1807. Les cachots réservés aux criminels ne sont ni moins noirs, ni plus malsains que ces retraites où se cachent les vertus les plus pures, où grandit la sainteté la plus sublime.

C'est la résidence des Franciscains !

En 1341, René d'Anjou roi de Sicile, neveu de saint Louis, roi de France, et frère d'un autre saint Louis, mort évêque de Toulouse, voulant assurer aux chrétiens la possession des saints lieux, les acheta au sultan Soliman II pour dix-sept millions de pièces d'or et les donna au Saint Siège à condition que la garde en serait confiée aux religieux de saint François. Clément VI s'empressa de déférer aux vœux du pieux monarque et par la bulle *Nuper carissimi* donnée à Avignon le 21 novembre institua les Franciscains gardiens à perpétuité de tous les sanctuaires de terre sainte.

Les religieux Franciscains prirent immédiatement possession de la Basilique du Saint-Sépulcre et ne l'ont plus quittée.

Ils étaient là, depuis près de 600 ans comme entassés sans soleil, sans air et presque sans lumière, lorsqu'en 1869, l'empereur Joseph II, au retour d'un pèlerinage à Jérusalem, leur obtint du sultan, la permission de se promener sur la terrasse de leur couvent. Malgré cet adoucissement, lorsqu'ils sortent, après leurs trois mois de garde expirés, ces nobles champions du devoir, exténués de fatigue, atteints quelquefois d'une caducité précoce et toujours plus ou moins souffrants, n'ont qu'un désir, celui de reprendre au plus tôt le poste d'honneur dont l'humaine faiblesse les oblige à s'éloigner momentanément.

Cette petite communauté composée de treize membres dépend du grand **Couvent du Saint-Sauveur.**

Nous repassons par la

Sacristie

Elle contient les ornements dont se revêtent les prêtres et les clercs pour la célébration des saints offices. Elle est assez belle, bien meublée et pourvue des objets indispensables au culte divin.

J'avais ouï dire qu'on y conservait

L'épée et les éperons de Godefroy de Bouillon

Je demandai à les voir, et le sacristain ayant ouvert devant nous un tiroir, j'ai eu la satisfaction de les examiner à loisir. Les *éperons* sont en cuivre doré, la partie circulaire est grande, et les molettes fort longues. L'*épée* est droite, large et mesure de soixante-dix à soixante-quinze centimètres de longueur.

Le R. P. Custode, *supérieur des Franciscains de Jérusalem*, fait toucher cette épée, après la récitation des prières liturgiques aux personnages jugés dignes d'être promus au grade de *chevalier du Saint Sépulcre*. Deux des nôtres, un ecclésiastique et un laïque ont eu cet insigne honneur! Ce sont : le *R. P. Robert* supérieur du Mont Saint-Michel que sa haute situation et ses vertus désignaient au choix des Franciscains, et M. *François de France* propriétaire à Saint-Malo, ancien officier des zouaves pontificaux, toujours dévoué corps et âme à la défense des nobles et saintes causes.

J'ai touché moi-même cette épée valeureuse qui rappelle les beaux temps de la foi, en regrettant amèrement de ne pas la voir dans quelque vaillante main qui s'en serve pour refaire l'œuvre abandonnée des croisades et rendre à Jérusalem sa gloire.

De la sacristie, nous dirigeons nos pas vers l'ouest et après avoir suivi la nef septentrionale de la basilique, longue de quinze mètres environ, formée de sept arceaux qu'on nomme, je ne sais pourquoi, les

Arceaux de la Vierge

nous passons entre deux piliers et arrivons à une *chapelle* obscure qui précède une *grotte* plus obscure encore, appartenant aux Grecs non unis. La *grotte* nue, sans style, est divisée en trois compartiments dont l'un, celui du milieu est occupé par un autel. C'est la

Prison

où Notre-Seigneur fut enfermé avec les deux larrons pendant qu'on faisait les apprêts de son supplice.

Près de la porte à gauche en sortant de la chapelle, on voit sous un autel, derrière une grille de fer la

Pierre de la Prison

percée de deux trous de forme ovale. D'après la tradition Jésus-Christ aurait eu un pied dans chacun de ces trous, et les deux liés ensemble au-dessous par une chaîne.

Cette lugubre prison est à cinquante mètres tout au plus du Calvaire, de sorte que le Sauveur put entendre de là les grossières railleries de la populace, les ignobles ricanements des juifs, les propos féroces des bourreaux et les coups de pioche frappant le rocher pour y creuser le trou où devait être plantée sa croix.

J'ignorais cette douloureuse circonstance de la passion. Aussi, en entrant dans cette grotte solitaire et lugubre, j'ai senti mon cœur se gonfler et mes yeux s'emplir de larmes, et tombant à genoux, la face contre terre il m'a semblé voir le Fils de Dieu pâle, sanglant et défiguré. Où vous a-t-on mis, ô mon Sauveur, vous qui êtes le Dieu puissant et fort? Comment a-t-on pu vous emprisonner ainsi, vous qui délivrez les prisonniers? « *qui redimis vinctos in fortitudine* » Ah! c'est que l'heure de ma délivrance a sonné! Vous vous êtes rendu prisonnier pour expier l'abus criminel que j'ai pu faire de ma liberté, prisonnier, vous l'innocence même, à la place des coupables! Ah! puissè-je être, à mon tour, votre captif le reste de mes jours! Puissè-je mourir d'amour pour vous, au lieu même où vous avez subi cet indigne traitement.

A dix mètres de la *prison* se trouve la

Chapelle de Saint-Longin

Elle a trois mètres cinquante centimètres en carré. Deux colonnes forment à l'entrée trois arceaux devant l'autel.

Saint Longin était Syrien de naissance et soldat de profession.

L'Evangile raconte que les Juifs ne voulant point que les corps des suppliciés demeurassent sur la croix le jour du sabbat prièrent Pilate de leur faire rompre les jambes et de les enlever. Des soldats furent donc envoyés qui brisèrent les jambes du premier, puis du second. Quand ils arrivèrent à Jésus, voyant qu'Il était mort, ils ne lui brisèrent pas les jambes, mais l'un d'eux lui perça le côté d'un coup de lance, et il en sortit du sang et de l'eau. *Et moi qui ai vu*, dit saint Jean, *j'en rends témoignage*.

Ce soldat était Longin, et Longin était borgne et souffrait de l'œil unique qui lui restait. Le sang du Sauveur ayant coulé le long de la hampe, humecta sa main. Par un mouvement instinctif, il porta cette main empourprée du sang divin à ses yeux dont l'un fut guéri et l'autre s'ouvrit aussitôt à la lumière.... De grands prodiges avaient éclaté à la mort du Sauveur : le soleil s'était obscurci, la terre avait été couverte de ténèbres, les rochers s'étaient fendus, plusieurs morts étaient sortis vivants de leurs tombeaux. Témoin de ces prodiges, Longin était ébranlé déjà et à moitié converti : le miracle dont il était l'objet acheva sa conversion et il vint plus tard prier et pleurer ses péchés au lieu même où cette chapelle a été élevée en son honneur.

On y conservait autrefois l'*éponge* avec laquelle Notre-Seigneur avait été abreuvé de fiel et de vinaigre, la *lance* dont s'était servi Longin et le *titre de la croix* sur laquelle Pilate avait fait écrire : *Jésus de Nazareth, roi des Juifs*.

Lors du pillage et de la destruction de la basilique par Chosroës en 614 les deux premières reliques furent enlevées par un officier persan. Mais un riche chrétien de Jérusalem, Nicétas, attentif à ce qui se passait, courut à sa rencontre dans une des rues de la ville, les lui acheta à prix d'or, prit lui-même la troisième et les envoya à l'église Sainte-Sophie de Constantinople. Elles furent plus tard transportées à Rome où j'ai eu le bonheur de les voir et de les vénérer.

Sur le même côté, à deux mètres seulement au-delà de la chapelle de Saint Longin on remarque

Une très ancienne porte.

C'est par cette porte que les chanoines Augustins entraient de leur couvent dans l'église. Saladin la fit fermer après la prise de Jérusalem et l'expulsion des croisés en 1187. Elle n'a pas été ouverte depuis.

A deux pas de là, on a devant soi, au fond de l'abside méridionale, une chapelle appartenant aux Arméniens non catholiques.

C'est la
Chapelle de la division des vêtements
bâtie sur le lieu où les soldats jouaient aux dés et tirèrent au sort la robe du Sauveur.

Notre Seigneur, selon l'usage des Juifs de son temps, portait trois vêtements superposés. Le premier descendait des épaules aux pieds; le deuxième était moins long; le troisième n'était autre que la chemise ou tunique sans couture filée et tissé par la Sainte Vierge, et qui d'après une pieuse croyance s'allongea miraculeusement à mesure que l'Enfant Jésus grandissait. Cette dernière fut offerte à la cathédrale de Cologne par Sainte Hélène en souvenir de son séjour dans cette cité. La ville d'Argenteuil près Paris, possède un autre vêtement de Notre-Seigneur trouvé à Jaffa, l'an 500 dans un coffre de marbre, et donné l'an 800 par l'impératrice Irène à Charlemagne qui la céda au monastère d'Argenteuil dont sa fille Théodrose était abbesse. Quant au troisième, il ne nous a pas été dit s'il est ou non conservé.

A trois pas, on descend par deux escaliers en pierre, l'un de vingt six marches, l'autre de treize dans une chapelle souterraine nommée
Chapelle de l'Invention de la vraie Croix
Sainte Hélène après la conversion à la foi catholique de son fils l'empereur Constantin-le-Grand s'étant rendue en pèlerinage de Rome à Jérusalem interrogea les vieillards de cette ville pour savoir où elle pourrait trouver les instruments de la Passion. Ils lui apprirent que la coutume des Juifs était d'enterrer toujours les instruments du supplice non loin du lieu où les condamnés avaient subi la mort. Or il y avait à vingt mètres environ de la colline du calvaire une vieille citerne depuis longtemps abandonnée et remplie de débris de toutes sortes. La pieuse impératrice la fit déblayer, et y découvrit *trois croix, trois clous, et l'inscription.*

Le ciel fit aussitôt connaître à laquelle de ces croix Jésus-Christ avait été attaché! D'après le conseil de l'Evêque Macaire on appliqua successivement chacune des croix sur une dame malade à l'extrémité. L'attouchement des deux premières fut sans effet; celui de la troisième la guérit à l'instant même. Ce premier miracle fut suivi d'un second plus éclatant encore rapporté par Sulpice Sévère. Le même jour, saint Macaire ayant rencontré un convoi suivi d'une foule nombreuse ordonna à ceux qui portaient le cercueil de s'arrêter et appliqua de même sur le cadavre les trois croix. Au contact de la dernière, la morte fut instantanément rendue à la vie. Le doute n'était plus possible. La croix qui guérissait les malades et ressuscitait les morts était bien celle du Sauveur mort et ressuscité.

C'était le trois mai de l'an 326 ou 327 que ces évènements extraordinaires se passaient, et l'Eglise en célèbre la mémoire chaque année à la même date par la fête de l'*Invention de la sainte Croix.*

Sainte Hélène fit trois parts de cette précieuse relique : *l'une* pour son fils. Constantin en garda une parcelle qu'il fit enchâsser dans son casque comme une sauvegarde dans les combats; elle est conservée à l'église Saint-Marc de Venise. La plus grande partie, donnée au pape par l'empereur est à Rome dans l'église *Sainte-Croix de Jérusalem* dont elle constitue le principal trésor. — *La seconde part* fut envoyée à Constantinople. Au XIIIe siècle l'empereur Beaudouin de Courthenay en fit hommage à saint Louis, roi de France qui la déposa à la *sainte chapelle*. — *La troisième*, longue de deux mètres fut laissée à Jérusalem dans une magnifique châsse d'argent, sous la garde de l'Evêque. Elle devint lors de l'invasion de Chosroës la proie des Perses qui la transportèrent dans leur pays et lui rendirent toutes sortes d'honneurs. Elle y fit des miracles qui convertirent à la foi chrétienne un grand nombre d'infidèles. Dix ans plus tard, Héraclius força Siroës vaincu, à la restituer. Elle fut rendue dans la même châsse où sainte Hélène l'avait fait placer et rapportée au Calvaire par l'empereur lui-même. Mais les chrétiens, de peur qu'elle ne retombât aux mains des infidèles la distribuèrent dans tout l'univers à l'exception du fragment que les Arméniens volèrent en 1857. Notre église Cathédrale d'Evreux possède une parcelle de cette relique insigne.

L'usage ne tarda pas à s'établir d'exposer publiquement le vendredi-saint la *vraie croix* à la vénération des fidèles. L'Evêque de Jérusalem venait le premier se prosterner devant elle; après lui, le clergé et les fidèles. C'est à cette première dévotion que remonte la cérémonie de *l'adoration de la croix* qui se fait tous les ans, le jour anniversaire de la mort du Sauveur dans toutes les églises du monde catholique, cérémonie dans laquelle le prêtre découvrant la croix adresse au peuple ces paroles si bien faites pour le pénétrer de douleur, d'amour et de reconnaissance : « *Venez et adorons! voici le bois de la croix sur lequel a été suspendu le salut du monde.* »

Sainte Hélène fit bâtir à cet endroit une église composée d'une *partie haute* et d'une *partie basse* mises en communication par l'escalier de treize marches.

La *partie basse* a conservé son nom de :

Chapelle de l'Invention de la Croix

C'est un petit sanctuaire appartenant aux Franciscains qui y célèbrent chaque jour la sainte messe. Il est facile de reconnaître que c'était autrefois une citerne taillée dans le roc. On y voit à l'angle oriental une pierre en saillie qui recouvre le lieu présumé où fut trouvée la *vraie croix*. Là, dans le calme et le silence de la prière on aime à se presser contre cette croix divine d'où découle l'onction qui adoucit nos peines et nous fait marcher avec résignation dans le chemin de la vie détrempé de tant de sueur, de larmes et de sang. Là, on aime à se rappeler que rien ne va au ciel, que ce qui part du pied de la croix que Jésus a dressée comme une échelle mystérieuse pour monter jusqu'à Lui.

Ce sanctuaire n'a qu'un autel donné en 1857 par l'archiduc Maximilien qui fut plus tard empereur du Mexique et mourut en 1866 fusillé par les soldats de Juarès, défenseur de la cause républicaine.

La *partie haute* appelée :

Chapelle de sainte Hélène

appartient aux Abyssins qui s'en sont emparés on ne sait à quelle époque. Elle est surmontée d'une petite coupole que supportent quatre piliers d'ordre dissemblable et possède deux autels dont le principal est dédié à la sainte impératrice. On voit *à droite* de cet autel le lieu où elle était en prière pendant que se faisaient les fouilles. C'est une ouverture en forme de fenêtre cintrée donnant sur le sanctuaire de la chapelle de *l'invention de la sainte croix*. Le bas de l'encadrement est recouvert d'une plaque de marbre blanc avec une inscription en caractères grecs que j'ai le regret de n'avoir pu déchiffrer.

Pour rentrer dans la Basilique nous remontons par l'escalier de vingt-six marches et apercevons immédiatement à gauche la :

Chapelle de la colonne des opprobres

Après la flagellation, les bourreaux du Sauveur ne voyant plus rien à déchirer dans son corps sanglant, imaginèrent un supplice nouveau. Ces brutes se souviennent que Jésus avait été accusé de s'être dit roi. Ils en prennent occasion de lui faire endurer de nouveaux opprobres en l'exposant à la risée du peuple. de nouvelles tortures en arrachant violemment ses habits collés à ses plaies. Ils lui jettent sur les épaules un vieux manteau d'écarlate, placent dans ses mains un roseau en guise de sceptre, le traînent à une petite colonne au milieu de la cour du prétoire et le forcent à s'y asseoir comme sur un trône. Là, ayant tressé trois branches d'épines à longues pointes pour en former une couronne, ils la lui mettent sur la tête, arrachent de ses mains le roseau et en frappent si rudement la couronne que les épines pénètrent profondément dans la tête et inondent de sang le visage du Sauveur : ils lui bandent ensuite les yeux, lui crachent à la figure, se prosternent à ses pieds en disant : « *Salut, roi des Juifs*, » le renversent à plusieurs reprises de ce trône d'ignominie pour l'y replacer aussitôt en riant aux éclats et ajoutant chaque fois de nouveaux raffinements de barbarie à leur jeu sacrilège.

Que n'étais-je là avec mes Francs ? disait un jour Clovis, au récit de cette scène abominable.

La colonne des opprobres a été transportée des abords du prétoire à la chapelle de ce nom et abritée derrière un grillage de fer où nous pouvons la voir et la toucher. Mes mains en la touchant ont été saisies d'un tel frémissement, que je n'ai pas songé à en mesurer la hauteur.

De là, nous traversons une sombre galerie et après avoir parcouru un espace de vingt mètres environ, nous arrivons au :

Calvaire

théâtre des dernières et des plus douloureuses scènes de la Passion du Sauveur. C'est le lieu le plus auguste du monde ! La mort y a été vaincue, la justice divine désarmée, le monde racheté, le ciel ouvert !

Son authenticité ne saurait être l'objet d'un doute !

Les premiers chrétiens, en effet, ne pouvaient manquer d'accorder une grande importance aux lieux sanctifiés par la présence du Sauveur et d'en accorder une plus grande encore à ceux qui avaient été témoins de ses souffrances et de sa mort. Les parents de Jésus-Christ selon la chair, ses apôtres, ses disciples, les avaient remarqués avec un soin jaloux. Le nombre de ces derniers, s'accrut rapidement : Ils étaient cinq cents assemblés sur le mont des Oliviers quand le Seigneur monta au ciel. Dix jours après, le Saint-Esprit étant descendu sur les apôtres, la prédication de l'Evangile commença et saint Pierre convertit huit mille juifs par ses premiers discours. C'est dire que cinquante-trois jours seulement après la Passion, il y avait à Jérusalem une communauté composée de près de dix mille chrétiens qui, embrasés de la foi la plus vive, ne négligèrent assurément pas de visiter les lieux auxquels se rattachaient les souvenirs du Sauveur, de les explorer avec une tendre sollicitude, de se les montrer les uns aux autres, de s'appliquer à en transmettre le souvenir de famille en famille et d'âge en âge pour en éterniser l'amour et la vénération.

La connaissance de ces lieux bénis ne put s'effacer de leur esprit le peu de temps qu'ils restèrent hors de Jérusalem pendant que s'accomplissaient sur la cité déicide les prophéties du Seigneur : le siège de Titus ne dura que quelques mois.

Ils revinrent après la destruction de la ville visiter isolément ou par groupes les lieux si chers à leur piété. Ce fut pour les en détourner, que l'empereur Adrien éleva vers l'an 126, sur le Calvaire, une statue à Jupiter, et sur le Saint-Sépulcre, un autel à Vénus. Il servait, sans le savoir, les desseins de la Providence ; les lieux saints se trouvaient ainsi désignés et leur authenticité garantie par les idolâtres eux-mêmes, au moment où la mère de Constantin vint à Jérusalem et y bâtit en dix ans la célèbre basilique Constantinienne que Choroës détruisit en un jour.

Deux escaliers de bois, l'un de dix-huit marches du côté du midi, l'autre de vingt six du côté du Nord conduisent au sommet de la sainte colline. Nous prenons celui-ci et montons à

L'Église du Calvaire

Elle est construite pour un quart environ sur la surface du rocher dont la sainte impératrice fit écrêter la cimes et découper les flancs, pour les trois autres quarts sur une plate-forme artificielle formée par des voûtes que supportent des piliers massifs, et partagée par une double arcade en *deux chapelles*.

La *première* où nous entrons appartient aux latins et est appelée :

Chapelle du cruciflment

parce qu'elle renferme l'endroit où les bourreaux attachèrent Notre-Seigneur à la croix. Elle n'a qu'un autel qui embrasse presque toute sa largeur. Cet autel est riche, magnifiquement décoré et surmonté d'un tableau représentant la scène dont ce lieu fut témoin. On y célèbre chaque jour une messe pour la France.

En avant, sont incrustées dans le pavé deux mosaïques de différentes couleurs parmi lesquelles domine le rouge, pour montrer que c'est la place que Jésus-Christ a teinte de son sang.

L'*une* de ces mosaïques indique le lieu où Notre-Seigneur fut dépouillé de ses vêtements avant d'être attaché à la croix; l'*autre* plus rapprochée de l'autel marque celui où la croix fut couchée à terre pour que Jésus-Christ y fut étendu et cloué.

Les *lampes* suspendues à la voûte de ce sanctuaire sont si nombreuses qu'on n'essaie pas même de les compter. La plus belle a été donnée par le roi Louis XIII.

A droite, du côté de l'épitre est une fenêtre grillée qui donne vue dans l'intérieur de la

Chapelle de Notre-Dame des sept douleurs

bâtie sur le lieu même où la reine des martyrs se trouvait avec saint Jean pendant le crucifiement. Ce sanctuaire qui servait autrefois de porche à l'Eglise du Calvaire, en est aujourd'hui séparé par un mur : on y pénètre du dehors, par un escalier dont les pieds reposent sur le parvis de la basilique.

La *seconde* porte le nom de

Chapelle du Sauveur mort en croix

Elle appartient aux grecs schismatiques qui s'en sont emparés subrepticement au commencement de notre siècle et n'ont pas craint d'élever un autel sur le lieu réservé où, en souvenir de l'auguste victime, aucun culte orthodoxe ou dissident ne s'était permis jusque là d'offrir de nouveau le divin sacrifice. Une nuit de l'année 1812, le religieux franciscain chargé du soin de l'église, homme jeune encore, et d'un tempérament vigoureux, étant venu selon sa coutume vers quatre heures du matin renouveler l'huile des lampes vit l'extrémité de la sainte montagne rasée et à sa place l'autel schismatique dont nous parlons. Le saisissement qu'il éprouva fut si violent, qu'il mourut dans la journée.

En se baissant on aperçoit sous la table le

Trou où fut planté la croix

sur laquelle le Seigneur rendit le dernier soupir. Il a un pied et demi de profondeur. J'ai eu le bonheur de m'agenouiller sur ses bords, d'y introduire la main, adorant l'excès d'amour d'un Dieu pour sa créature ingrate et coupable. C'est ici que l'auteur de la vie, le rédempteur du monde, le fils de Dieu vivant et véritable, notre modèle, notre unique espérance est mort pour nous sauver.

Si par impossible le cœur restait froid devant ce foyer d'amour il suffirait pour le pénétrer de la plus vive émotion de regarder le retable. On y voit un Christ de grandeur naturelle représenté sur une croix *de mêmes dimensions que la vraie croix* ayant la sainte Vierge d'un côté et saint Jean de l'autre. Cette admirable peinture byzantine, vrai chef-d'œuvre, produit sur l'âme un effet foudroyant. J'ai eu longtemps les yeux fixés sur cette image si propre à inspirer le sentiment d'une salutaire componction. A la voir on croirait assister au drame sanglant de la mort du Seigneur.

De chaque côté de l'autel, à moins de deux mètres en arrière deux pierres rondes et noires d'environ dix centimètres de diamètre marquent :

La place des croix des larrons

crucifiés avec Jésus. Ces deux croix n'étaient pas placées sur la même ligne que celle du Sauveur. Elles formaient avec elle une sorte de triangle rectangulaire et Jésus-Christ pouvait apercevoir, à sa droite le bon larron et le mauvais à sa gauche.

Ces deux pierres ne sont vénérées de personne : on y jette un coup d'œil et on passe. L'une d'elles cependant marque l'endroit de la mort d'un saint, le bon larron, patron des boulangers et des meuniers, auquel le Seigneur pardonna et promit le paradis.

Du côté de l'épître entre *l'autel du Sauveur mort en croix* et celui de la *compassion* dont nous parlerons tout à l'heure un treillage d'argent que l'on fait mouvoir à volonté recouvre la

Fente miraculeuse

qui se produisit dans le rocher du Calvaire au moment où la sainte victime expira. On peut toucher et voir les deux parois. Elle forme une ligne ondulée qui traverse du haut en bas le rocher de la colline et s'élargit en se prolongeant à des profondeurs inconnues. Les angles saillants correspondent aux angles rentrants et si on pouvait les rapprocher, ils se rejoindraient en s'adaptant parfaitement les uns aux autres. C'est la preuve toujours subsistante des paroles de l'Evangile « *les pierres se fendirent : Petræ scissæ sunt.*

Un voyageur anglais, libre penseur et incrédule visitant Jérusalem essayait de tourner en dérision les explications que les catholiques donnent sur les lieux saints. La vue de cette fente miraculeuse le déconcerta à ce point, qu'après l'avoir minutieusement examinée, il ne put s'empêcher de s'écrier : « Le doigt de Dieu est-là... J'ai fait une longue étude de la physique et de la géologie et je tiens pour sûr que cette fissure n'a pas été produite par un tremblement de terre ordinaire et naturel. Un ébranlement de ce genre, eût à la vérité séparé les diverses couches dont la masse est composée mais c'eût été en suivant les veines qui les distinguent et en rompant leurs liaisons aux endroits les plus faibles. J'ai observé qu'il en est ainsi dans les rochers que les tremblements de terre ont soulevés et la raison nous en apprend rien qui n'y soit conforme. Ici, c'est autre chose ! Le roc est partagé transversalement, la rupture croise les veines d'une façon étrange et surnaturelle. Je vois clairement que c'est le pur effet d'un miracle ; ni l'art ni la nature ne pouvaient produire rien de semblable. Et il ajouta : Je rends grâce à Dieu de m'avoir conduit ici, pour y contempler un monument qui met en évidence la divinité de Jésus-Christ et la vérité du christianisme. » Il se convertit et mourut en vrai croyant.

A droite de cette fente entre les deux autels de la *mort du Sauveur* et du *crucifiement*, à 1 mètre 50 centimètres environ de chacun d'eux, s'élève

L'autel de la Compassion

à l'endroit où se tint debout, abîmée dans la douleur, l'auguste mère de Dieu pendant les trois mortelles heures que dura l'agonie de son divin fils, où elle reçut dans ses bras à la descente de croix son corps inanimé, rendu méconnaissable par les atroces tortures qu'il avait endurées.

En descendant de la sainte colline par l'escalier du midi, nous arrivons à la

Chapelle d'Adam

c'est une grotte creusée sous le calvaire, étroite, sombre, sans ornements, mais riche des plus beaux souvenirs.

On voit, en y entrant :
L'emplacement des tombeaux de deux immortels héros chrétiens

A droite, celui de *Godefroy de Bouillon* qui pour prix de sa vaillance et de sa foi fut proclamé par les croisés roi de Jérusalem et ne consentit jamais à ceindre une couronne d'or dans le lieu où Jesus-Christ avait porté une couronne d'épines ; *à gauche*, celui de *Beaudoin* I son frère, son émule en vertus aussi bien qu'en courage et son successeur sur le trône.

On y lisait autrefois leurs épithaphes.

Inscriptions et tombeaux, les Grecs ont tout fait disparaître en 1808 !

Un peu plus loin, à droite aussi, est le *tombeau de Melchisédech* qui fonda Jérusalem 1679 ans avant J.-C. et lui donna le nom de Salem. Les Jébuséens s'en étaient emparés cinquante ans après sa fondation, ajoutèrent à son nom celui de Jébus leur père et des deux mots réunis sortit l'appellation de Jébusalem ou Jérusalem.

Au fond, une cavité taillée dans le roc, a renfermé jadis le
Crâne du premier homme

La tradition rapporte qu'Adam, chassé du paradis terrestre, vint habiter la Judée et y mourut. Noé sachant où il était enterré, prit ses restes mortels avant d'entrer dans l'arche et les partagea entre ses trois fils après le déluge. L'aîné, Sem, qui n'était autre que Melchisédech, reçut le chef du premier homme. Il y était encore, lorsque Notre-Seigneur rendit le dernier soupir. Le rocher s'étant à ce moment déchiré du haut en bas comme une pièce d'étoffe, le sang du Sauveur coula, par la *fente miraculeuse* que l'on revoit à l'un des angles de l'excavation, sur la tête du premier coupable et vint effacer le péché dans sa source.

Toute étrange que soit cette tradition, elle est loin de paraître inadmissible, si l'on songe que tout s'enchaîne dans le plan divin. L'ancien testament n'est-il pas la préface de nouveau ?...... Elle a pour elle de graves autorités : Origène, saint Augustin, saint Ambroise, saint Basile, saint Epiphane etc. Elle est confirmée par la dénomination de Calvaire, en grec *kranion*, en latin *calvariæ locus*, donnée à ce monticule, enfin, elle est la meilleure interprétation de l'usage établi dès les premiers temps du christianisme de placer une *tête de mort* au-dessous de l'image de Jésus en croix et de l'existence sous le calvaire d'une chapelle nommée *chapelle d'Adam*.

-II

Après avoir décrit les monuments placés dans le pourtour de l'immense basilique, nous allons en examiner *l'intérieur* proprement dit.

Il est occupé par la **chapelle des Grecs**, le **chœur des latins** et l'**Edicule du Saint-Sépulcre**.
La chapelle des Grecs
placée en face du tombeau de Notre-Seigneur n'est autre que le chœur des Augustins préposés, nous l'avons dit, par Godefroy de Bouillon à la garde du Saint-Sépulcre.

Avant d'y entrer, on aperçoit à l'angle le plus rapproché du Calvaire deux gradins attenant au mur extérieur et marquant la place autrefois occupée par les monuments funèbres, aussi démolis en 1808, de *Beaudouin II*, mort en 1131 ; de *Foulques*, mort en 1141 ; de *Beaudouin III*, mort en 1162 ; de *Beaudouin IV* et de *Beaudouin V*, morts en 1185, deux ans avant la funeste *bataille d'Hâttine*, où l'armée de Guy de Lusignan, leur successeur, fut battue et le royaume des Croisés détruit par Saladin.

Cette chapelle est une vaste église, entourée de hautes murailles, enfermée dans la basilique. Le dôme qui la surmonte est moins élevé, mais plus riche que celui du Saint-Sépulcre. Elle n'a pas moins de 20 mètres de long sur 10 de large. Tout y est d'une magnificence inouïe ! L'or y brille de toutes parts. Les tableaux y sont rangés comme dans un musée. Quelle profusion de boiseries, de peintures, de sculptures ! Qui pourrait dépeindre le splendide retable byzantin où l'or et les pierreries se marient si délicatement au bois merveilleusement ouvragé ?

On n'y voit ni bancs, ni chaises. Ceux qui le fréquentent prient debout ou accroupis, selon la coutume d'Orient. Nous remarquons que l'une des pratiques de piété le plus en usage chez les Grecs est le *signe de la croix*. Ils le font des centaines de fois sans discontinuer, en portant la main du front à la poitrine, *puis à l'épaule droite*, enfin à l'épaule gauche. S'il n'y a ni bancs ni chaises, on remarque, en revanche, trois magnifiques trônes : l'un, au fond de l'abside, derrière l'autel, pour le patriarche ; les deux autres, dans le pourtour, destinés aux évêques, et de fort belles stalles pour le clergé inférieur.

Au milieu de la chapelle :

Une rosace

surmontée d'une colonnette de marbre terminée par un hémisphère serait, au dire des prétendus orthodoxes, *le centre de la terre*, selon les paroles du prophète : « *Dieu qui est notre roi a opéré notre salut au milieu de la terre.* » S'ils veulent parler du monde intellectuel et moral, ils ont deviné juste. S'ils prennent au pied de la lettre et dans le sens concret le verset du psalmiste, ils ne sont que naïfs. Le

Chœur des Latins

est situé entre l'édicule du Saint-Sépulcre et le chœur des Grecs. C'est un petit espace où se tiennent les Franciscains lorsqu'ils officient au Saint-Sépulcre. L'

Édicule du Saint-Sépulcre

est la perle de la basilique, car il renferme le tombeau dans lequel reposa près de trois jours le corps de Notre-Seigneur.

Disons quelques mots d'abord de sa *forme extérieure*.

Il est élevé de 40 centimètres au-dessus du sol, carré du côté est et à pans coupés du côté ouest. Ses dimensions sont de 8 mètres 25 centimètres de long sur 5 mètres 45 centimètres de large et 5 mètres 50 centimètres de haut, la corniche comprise.

Orné de seize pilastres en pierre rougeâtre du pays, il est couronné d'une balustrade en colonnettes et d'un *dôme sphérique* imposant et grandiose, rebâti par les Grecs après l'incendie de 1808.

On sait qu'en cette année-la les Grecs, comptant sur la connivence de l'ambassadeur français à Constantinople, mirent le feu à l'église afin qu'en obtenant du sultan la permission de la rebâtir à leurs frais ils en devinssent les seuls maîtres. Le feu commença par la chapelle arménienne située dans l'une des galeries de la grande rotonde ; de là, il gagna la coupole construite en poutres garnies de plomb qui, une fois embrasées, tombèrent sur la voûte du tombeau. Activées par le plomb fondu, les flammes brisèrent par l'intensité de leur chaleur les colonnes de marbre qui soutenaient le grand dôme. Les colonnes manquant, une partie de l'édifice s'écroula. Les galerie, le chœur des Grecs, plusieurs autres chapelles furent énormément endommagées.

Le très Saint-Sépulcre étant resté plusieurs heures enveloppé dans les flammes et enseveli sous les débris, on crut qu'il ne serait plus lui-même qu'un monceau de ruines. Mais par une disposition particulière de la divine Providence cet auguste monument ne souffrit aucun dommage. La porte en bois qui fermait l'entrée n'avait pas pris feu, les tentures n'étaient que légèrement noircies par la fumée, les lampes n'avaient pas été éteintes, les tableaux placés au fronton de l'édicule étaient demeurés intacts. Tout ce qui appartenait aux Latins : leur église, leur sacristie, leur couvent, leurs chapelles, la moitié du Calvaire restée en leur pouvoir, avaient été miraculeusement préservés. Qu'on juge, dit un témoin oculaire, de l'impression produite par un prodige aussi manifeste ! Les Turcs eux-mêmes disaient : « *Le prophète Jésus aime bien les Francs puisqu'Il conserve ce qui leur appartient jusqu'au milieu de l'incendie.* »

Les Grecs obtinrent du sultan la permission de reconstruire l'église incendiée sans qu'aucune autre nation pût sans mêler. Mais grâce aux revendications des puissances catholiques, la grande coupole vient d'être restaurée *à frais communs* par la Turquie, la France et la Russie. La

Façade de l'édicule

tournée vers l'Orient et devant laquelle brûlent perpétuellement trois lampes, dont l'une est aux Franciscains, l'autre aux Grecs, la troisième aux Arméniens, est précédée d'un petit *parvis* flanqué de deux bancs en pierre derrière lesquels sont rangés d'*énormes candélabres* appartenant aux trois nations ayant droit d'officier sur le Saint-Sépulcre. Elle est ornée de quatre colonnes torses, de bas reliefs, d'inscriptions grecques et de deux tableaux représentant la *résurrection de Notre-Seigneur*.

L'intérieur a *deux pièces* distinctes séparées par une cloison de marbre.

La *première* est appelée :

Chapelle de l'ange

Elle a 3 mètres 45 centimètres de long, 2 mètres 5 centimètres de large. Les parois sont recouvertes de plaques de marbre blanc sculptées. Quinze lampes en vermeil, dont cinq aux Franciscains, cinq aux Grecs, quatre aux Arméniens, une aux Cophtes y brûlent jour et nuit.

C'est là que l'ange annonça aux saintes femmes, qui s'étaient rendues de grand matin au Sépulcre, la résurrection du Seigneur en disant : « *Vous cherchez Jésus de Nazareth! Il n'est plus ici, il est ressuscité! Voici le lieu où ils l'avaient mis.* » La place qu'occupait l'ange est marquée par un fragment de la grosse pierre « *magnus valdè* » qui fermait l'entrée du sépulcre pendant que le corps de Jésus-Christ était au tombeau. L'autre fragment sert d'autel aux Arméniens dans la chapelle qu'ils ont bâtie sur l'emplacement de la maison de Caïphe. Elle avait 1 mètre 80 centimètres de longueur, 1 mètre 5 centimètres de largeur, et 27 centimètres d'épaisseur. C'est sur cette pierre que les princes des prêtres avaient apposé leur sceau.

De cette première pièce on entre dans la *seconde* par une porte cintrée haute de 1 mètre 35 centimètres, et large de 77 centimètres, ordinairement fermée par un rideau de soie cramoisie. C'est la

Chapelle du Saint-Tombeau!

Elle forme un carré à peu près régulier ayant en largeur 1 mètre 83 centimètres, en longueur 2 mètres 10 centimètres du côté de la porte et 2 mètres 5 centimètres au fond. C'est la chambre sépulcrale que Joseph d'Arimathie, disciple secret de Jésus-Christ, avait fait tailler pour lui-même à la pointe du ciseau dans un petit jardin dont il avait la propriété à la pente du Calvaire et qu'il voulut donner au divin Maître.

Le pavé, les parois sont aussi revêtus de panneaux de marbre blanc de peur qu'ils ne soient dégradés par les pèlerins. Si on les levait, on mettrait à découvert le roc primitif et naturel.

A la voûte perforée de trois trous pour laisser échapper la fumée sont suspendues *quarante-trois* magnifiques lampes en or ou en argent ainsi réparties, à compter de la muraille dans laquelle la porte est entaillée : *quatre* aux Grecs, *quatre* aux Cophtes, *treize* aux Franciscains, *cinq* aux Grecs, *treize* aux Arméniens, *quatre* aux Grecs. Celles des Franciscains occupent le milieu.

Toutes ces lampes, et avec elles le grand nombre de cierges que les fidèles font allumer, remplissent la chapelle d'une lumière éblouissante. Puisse cette lumière rayonnant du divin tombeau pénétrer dans toutes les contrées de l'univers, éclairer tous les yeux, dissiper les ténèbres de l'erreur et celles plus dangereuses encore de l'indifférence! L'

Autel du tombeau

est à droite en entrant. Il a toute la longueur de la chapelle et la moitié de sa largeur. C'est une table mobile qu'on place chaque matin sur une corniche scellée dans les parois et qu'on enlève quand les offices sont terminés. Le retable est composé de trois tableaux de marbre blanc représentant en reliefs le Sauveur ressuscité. Celui de droite est aux Arméniens, celui du milieu aux Grecs, celui de gauche aux Catholiques. Les chandeliers, fleurs, cierges placés devant ces tableaux sont la propriété de ceux auxquels les tableaux appartiennent.

L'autel est à la disposition des Latins, tous les jours, de trois à sept heures du matin. Ils ont droit d'y célébrer deux messes basses et d'en chanter une. J'ai eu la joie d'y offrir, le samedi 31 mars, à cinq heures, pour vous tous, M. C. F., et pour chacun de vous en particulier, l'auguste victime dont le sang efface les péchés du monde. Malheureusement, les schismatiques, ceux-là même qui rejettent une partie des enseignements du Christ ont des droits à peu près égaux. Arméniens et Grecs peuvent y officier aussi, une fois le jour. La

Tombe sacrée

le diamant de la basilique est au-dessous de la table de l'autel. Elle est longue de 1 mètre 89 centimètres, large de 93 centimètres et s'élève à 77 centimètres au-dessus du sol, et à 65 centimètres au-dessus du pavé. C'est une sorte d'*auge* creusée dans la pierre vive n'ayant que de 8 à 9 centimètres de cavité. Elle était primitivement surmontée d'une petite arcade que sainte Hélène fit enlever au ciseau pour en faciliter l'ornementation. C'est dans cette cavité que le corps de Notre-Seigneur embaumé et enveloppé de linges fut déposé la tête tournée à l'Occident, les pieds à l'Orient, et qu'il ressuscita glorieux le troisième jour.

Le devant et le dessus sont revêtues de tables de marbre blanc. L'une de ces tables excitait la convoitise du pacha de Jérusalem, qui ne parlait de rien moins que de s'en emparer. Une nuit, le sacristain catholique y fit une entaille pour la rendre impropre à l'usage auquel on la destinait, et, grâce à cet ingénieux stratagème, elle a pu être conservée.

Nul n'a pu, depuis l'année 1555, contempler l'intérieur du saint tombeau. A cette époque, les mosaïques dont sainte Hélène l'avait entouré, *afin qu'on y pût célébrer commodément la sainte messe*, étant usées, le pape Jules III, à la prière de Charles-Quint, ordonna au R. P. Boniface de Raguse, custode des lieux saints, d'y faire les réparations au moyen des sommes offertes à cette fin par l'empereur.

La restauration eut lieu, et on en dressa un procès-verbal dont voici la traduction la plus fidèle :

« Le saint sépulcre de Notre-Seigneur s'offrit à nos yeux tel qu'il
« était taillé dans le roc. Nous y vîmes peints deux anges dont
« l'un portait un écriteau avec ces mots : *Il est ressuscité, il n'est*
« *plus ici*; l'autre avait cette inscription : *Voici le lieu où ils l'ont*
« *placé*. Ces deux tableaux, aussitôt qu'ils furent en contact avec
« l'air, tombèrent presque en poudre. La nécessité nous ayant
« forcés à soulever une des tables d'albâtre posées dessus,
« nous vîmes à découvert ce lieu ineffable où Notre-Seigneur
« reposa trois jours. Il nous semblait à tous voir les cieux ouverts
« devant nous. On distinguait encore, dans tous les contours, des
« traces du sang de notre Sauveur mêlé à l'onguent qui avait servi
« à l'embaumer. Au milieu, nous trouvâmes un bois enveloppé
« d'un linge précieux. Ce linge, du moment où il se trouva exposé
« à l'air, se pulvérisa, et il ne resta entre nos mains que quelques-
« uns des fils d'or dont il était tissé. Quant au bois renfermé dans
« le *suaire*, il avait eu autrefois des inscriptions, mais elles étaient
« tellement endommagées par le temps, qu'il fut impossible d'en

« recomposer une seule phrase entière. En tête d'un parchemin
« qu'on y trouva aussi, on put lire distinctement ces deux mots :
« *Helena Mag...*, ce qui nous amène à conjecturer, bien qu'on ne
« puisse l'affirmer d'une manière positive, que ce bois devait être
« une parcelle de la vraie croix retrouvée par sainte Hélène. »

Les tables de marbre qui, de nos jours, forment le revêtement du saint tombeau, sont les mêmes qui ont été placées en 1555. Lorsqu'elles auront été usées par les baisers des fidèles, une nouvelle inspection de la tombe sacrée du Sauveur aura lieu, et on la retrouvera dans l'état où l'ont laissée les Franciscains au XVIe siècle.

Elle sera là toujours, cette pierre glorieuse préconisée par les prophètes, gardée par les anges, visitée depuis dix-neuf siècles par des millions de pèlerins, devant laquelle se sont inclinés tour à tour, et le front couronné de Constantin, et la vaillante épée de Godefroy de Bouillon, et le casque brillant de Tancrède, dont la possession a été plus disputée que celle des plus beaux trônes. Elle a survécu et elle survivra aux empires les plus florissants ! C'est le tombeau du vieux monde, c'est le berceau du monde nouveau, c'est le point de départ d'une parole qui a retenti en tous lieux, dans tous les âges et retentit encore à vos oreilles, d'une doctrine qui a renouvelé l'univers, d'une civilisation qui a transformé la face de la terre.

Moins heureux que celui qui vous parle, vous n'avez pu, M. F., vous agenouiller devant cette pierre adorée, la couvrir de vos baisers, l'inonder de vos larmes. Mais soyez toujours de vrais disciples du Dieu crucifié, du Dieu ressuscité, et si vous n'avez pu contempler son tombeau, vous le contemplerez *lui-même* dans les cieux éternels.

Évreux, Imprimerie de l'Eure, L. Odieuvre, 4 bis, rue du Meilet.